Andere boeken van
Carmen & Rosemary Martínez Jover

Te koop via:
www.amazon.com & www.carmenmartinezjover.com

Ik wil een kind, tegen elke prijs!

Een levensgeschenk, het verhaal van een eiceldonor: meisjes*

Een levensgeschenk, het verhaal van een eiceldonor: jongens*

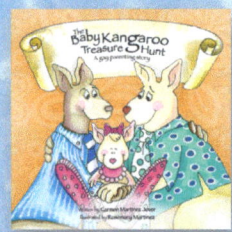
De baby kangoeroe schattenjacht*

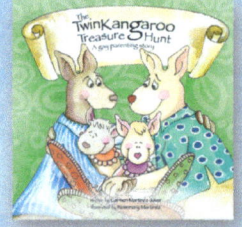
De baby kangoeroe schattenjacht: tweeling*

Beschikbaar in :
English, Español, Français, Italiano,
Português, Svenska, Türkiye, Česky, Русский & Nederlands

Dankwoord
aan Diana Guerra, wie het thema voor dit boek voorstelde. Ik zal altijd dankbaar zijn voor haar steun en vriendschap, en aan onze dochters die ons op ditzelfde pad brengen.

Carmen Martínez Jover

Voor de sterren van mijn leven

Rosemary Martínez

Auteursrecht ©2007 **Carmen Martínez Jover**
www.carmenmartinezjover.com
Auteursrecht op afbeeldingen © 2007 **Rosemary Martínez Jover**
www.rosemarymartinez.com

ISBN: 978-607-00-6633-7

Receptenboekje Hoe baby's worden gemaakt
1ste Nederlandstalige versie mei 2013

Verhaal: Carmen Martínez Jover
Afbeeldingen: Rosemary Martinez
Ondersteuning ontwerp: Victor Alfonso Nieto
Vertaling: Karen Baerts

Veel dank aan Lone Hummelshoj, www.endometriosis.org,
Sandra & Ana de la Garza, www.ami-ac.com en
De Verdwaalde Ooievaar, www.deverdwaaldeooievaar.be.

Alle rechten voorbehouden. Geen enkele tekstuele en/of grafische weergave van dit boek mag worden verveelvoudigd, in welke vorm dan ook, zonder voorafgaande schriftelijke toestemming van de auteur.

Receptenboekje
Hoe baby's worden gemaakt

Geschreven door
Carmen Martínez Jover

Illustraties door
Rosemary Martínez

Het recept voor baby's lijkt erg op het recept voor een cake

Ingrediënten om een cake te maken:

- ✓ melk
- ✓ bloem
- ✓ eieren
- ✓ boter

+

een oven = een cake

Waar komen de ingrediënten voor een cake vandaan?

Waar komen de ingrediënten voor een baby vandaan?

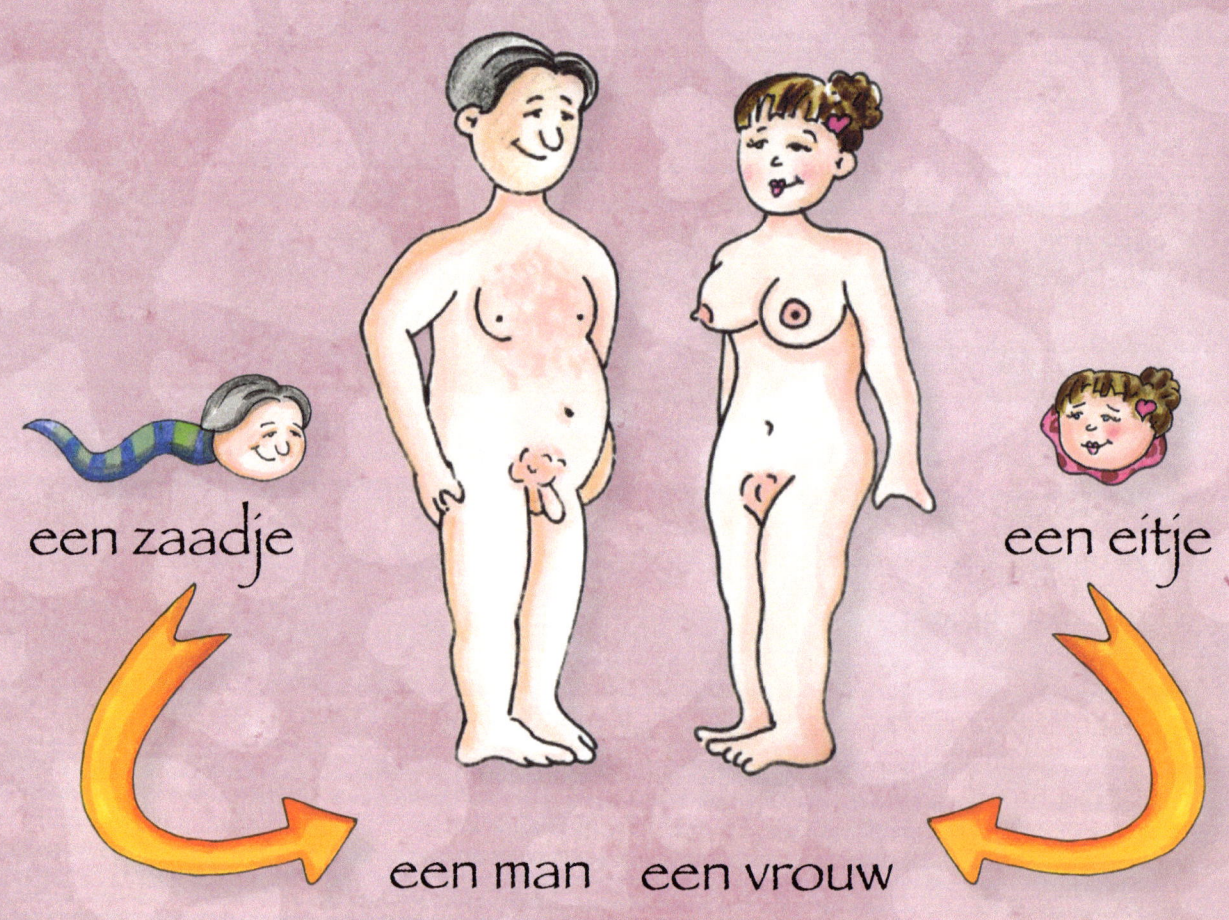

een zaadje — een man   een vrouw — een eitje

Hoe wordt een baby gemaakt

In de buik van een vrouw zit een baarmoeder. Daarin zoekt een zaadje een eitje en als ze mekaar gevonden hebben, kruipt het zaadje helemaal tot in het eitje. We zeggen dan dat het eitje bevrucht is.

Daarna gaat dat eitje groeien, en we noemen het dan een embryo. Als het embryo nog groter wordt, noemen we het een foetus, en uiteindelijk wordt de foetus een baby die geboren kan worden.

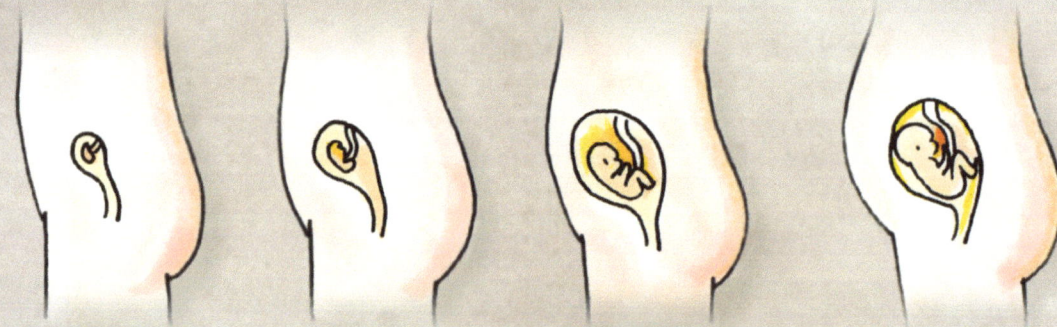

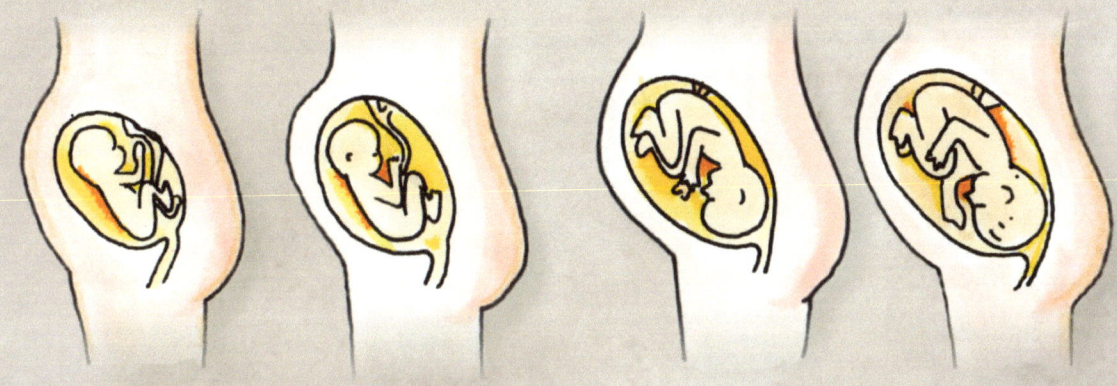

Een vrouw is zwanger vanaf de bevruchting tot de geboorte. Heel die tijd groeit en groeit de foetus in de baarmoeder, 9 maanden lang!

Wat als er een ingrediënt ontbreekt

Soms willen mensen een baby, maar het gewone receptje werkt niet altijd.

Gelukkig zijn er nog veel andere receptjes om baby's te maken, en daar gaan we nu eens naar kijken.

Je weet toch nog welke ingrediënten we nodig hebben

een zaadje   een eitje   een baarmoeder   een baby

Als een mama en een papa niet de juiste ingrediënten hebben om een baby te maken, kunnen ze naar een dokter gaan die hen dan probeert te helpen.

Gewoon recept

Dit receptje noemen we soms ook 'natuurlijke bevruchting'. Dat betekent dat het zaadje van papa en het eitje van mama mekaar zelf kunnen vinden in de baarmoeder van mama.

Hiervoor hebben ze dus geen dokter nodig.

een zaadje een eitje

Als het zaadje dan helemaal binnenin het eitje is geraakt, dus als het eitje bevrucht is, dan begint het eitje te delen zodat het een embryo wordt. Als het embryo dan nog blijft delen, wordt het een foetus, en dan gaat die groeien en groeien totdat 9 maanden later een baby wordt geboren.

een baarmoeder   een baby

IVF recept

Soms vinden het eitje van mama en het zaadje van papa mekaar niet, en dan kan de dokter hen samenzetten in een buisje. De dokter zorgt dan voor het zaadje en het eitje totdat ze mekaar gevonden hebben en er een embryo is gemaakt.

een zaadje   een eitje

Als het embryo dan verder gaat groeien, zet de dokter het embryo in mama's baarmoeder waar het nog heel lang kan groeien tot na 9 maanden een baby geboren wordt.

een baarmoeder   een baby

Zaaddonor recept

Soms werken de zaadjes van papa niet goed, en dan kan je ook een zaadje van een andere man gebruiken in het recept. Als een man zaadjes geeft zodat iemand anders daarmee een baby kan maken, noemen we die man een zaaddonor.

De dokter zorgt er voor dat het zaadje in de baarmoeder van mama raakt. Als het zaadje het eitje in mama's baarmoeder gevonden heeft, zal het embryo verder groeien en groeien tot er na 9 maanden een baby geboren wordt.

een zaadje van een zaaddonor   een eitje

Maar omdat een zaadje en een eitje mekaar niet altijd vinden, kan de dokter ze ook samenzetten in een buisje. De dokter brengt het zaadje bij het eitje en zorgt ervoor totdat er een embryo is gemaakt.

Als het embryo dan verder gaat groeien, zet de dokter het embryo in mama's baarmoeder waar het nog heel lang kan groeien tot na 9 maanden een baby geboren wordt.

een baarmoeder een baby

Eiceldonor recept

Soms werken de eitjes van mama niet goed, en dan kan je ook een eitje van een andere vrouw gebruiken in het recept. Als een vrouw eitjes geeft zodat iemand anders daar een baby mee kan maken, noemen we die vrouw een eiceldonor.

De dokter zal dan het eitje eerst in een buisje steken samen met een zaadje van de papa, en er goed voor zorgen tot het zaadje en het eitje mekaar gevonden hebben en er een embryo is gemaakt.

een zaadje   een eitje van een eiceldonor

Als het eitje en het zaadje dan een embryo zijn geworden, zet de dokter het embryo in mama's baarmoeder waar het nog heel lang kan groeien tot na 9 maanden een baby geboren wordt.

een baarmoeder   een baby

Embryo donatie recept

In dit recept werken de eitjes van mama niet goed, en ook de zaadjes van papa werken niet goed. En dan kan je een eitje van een eiceldonor gebruiken en een zaadje van een zaaddonor.

De dokter gaat dan het eitje van de eiceldonor en het zaadje van de zaaddonor helpen om elkaar te vinden in een buisje.

een zaadje van een zaaddonor   een eitje van een eiceldonor

Als er een embryo begint te groeien, zet de dokter het embryo in mama's baarmoeder waar het nog heel lang kan groeien tot na 9 maanden een baby geboren wordt.

een baarmoeder   een baby

Draagmoeder recept

Soms werken de zaadjes en de eitjes van papa en mama wel goed, maar is het de baarmoeder van mama die niet goed werkt. Dan hebben ze dus een baarmoeder van een andere vrouw nodig waarin de baby dan 9 maanden kan groeien.

De dokter zal nu het eitje van mama en het zaadje van papa samen in een buisje zetten zodat ze mekaar kunnen vinden.

een zaadje   een eitje

En als er dan een embryo begint te groeien, gaat de dokter het embryo in de baarmoeder van een andere vrouw zetten. Daar kan het embryo dan goed groeien tot een baby geboren wordt en deze baby dan terug naar mama en papa gaat.

een baarmoeder   een baby

Adoptie recept

In dit recept kan het zijn dat de zaadjes van papa niet goed werken, of soms werkt het eitje van mama niet goed, of soms weten de dokters niet waarom er geen baby kan groeien.

Soms zullen mama en papa ook gewoon willen adopteren, ook al kunnen ze wel zelf een kindje maken met het gewone recept.

een zaadje + een eitje

De ingrediënten voor dit recept zijn ook een eitje, een zaadje en een baarmoeder, en die komen in dit receptje allemaal van een man en vrouw die zelf een baby maken met het gewone receptje.

De baby wordt dan aan mama en papa gegeven ter adoptie, wanneer hij geboren is of soms als hij wat ouder is.

een baarmoeder   een baby

De gezinnen

Tegenwoordig worden gezinnen op verschillende manieren gevormd. Geen enkele manier is beter dan de andere, ze zijn gewoon verschillend.

Soms hebben gezinnen veel kinderen, soms maar eentje.

Soms scheiden de ouders en krijgen ze een nieuwe relatie waardoor je meer broers en zussen krijgt.

Sommige ouders zijn jong en sommige zijn wat ouder.

Soms hebben gezinnen maar één ouder zoals enkel een mama of enkel een papa. Soms hebben gezinnen ook gewoon geen kindjes.

In elk gezin met kindjes zijn deze kindjes er gekomen via een receptje. Dus ook je vriendje, je buur, je juf of meester, je mama en papa, iedereen die je kent is er gekomen via een receptje.

Het maakt helemaal niet uit met welk receptje je bij je mama en papa kwam, ze houden van je en je hoort bij hun gezin.

We zijn allemaal speciaal en uniek, hoe we ook gemaakt zijn.

De geboorte van élke baby
is een wonder op zich!

www.ingramcontent.com/pod-product-compliance
Lightning Source LLC
Chambersburg PA
CBHW042022080426
42735CB00003B/139